Florbela Espanca

Charneca em Flor

* * *

Reliquiæ

ISBN 978-3-95421-137-1
2017
minifanal

Dorfstr. 57a, D-53125 Bonn

Cover:
Black-and-white photo of Florbela Espanca (1894-1930)
(https://commons.wikimedia.org/wiki/File:Picture_of_Florbela_Espanca.jpg)

Charneca em Flor

Reliquiæ

Charneca em Flor
(1931)

Amar, amar, amar, amar siempre y con todo
El ser y con la tierra y con el cielo,
Con lo claro del sol y lo obscuro del lodo.
Amar por toda ciencia y amar por todo anhelo.

Y cuando la montaña de la vida
Nos sea dura y larga y alta y llena de abismos,
Amar la inmensidad que es de amor encendida
Y arder en la fusión de nuestros pechos mismos...

Rubén Darío

CHARNECA EM FLOR

Enche o meu peito, num encanto mago,
O frémito das coisas dolorosas...
Sob as urzes queimadas nascem rosas...
Nos meus olhos as lágrimas apago...

Anseio! Asas abertas! O que trago
Em mim? Eu oiço bocas silenciosas
Murmurar-me as palavras misteriosas
Que perturbam meu ser como um afago!

E, nesta febre ansiosa que me invade,
Dispo a minha mortalha, o meu burel,
E, já não sou, Amor, Sóror Saudade...

Olhos a arder em êxtases de amor,
Boca a saber a sol, a fruto, a mel:
Sou a charneca rude a abrir em flor!

VERSOS DE ORGULHO

O mundo quer-me mal porque ninguém
Tem asas como eu tenho! Porque Deus
Me fez nascer Princesa entre plebeus
Numa torre de orgulho e de desdém.

Porque o meu Reino fica para além...
Porque trago no olhar os vastos céus
E os oiros e os clarões são todos meus!
Porque eu sou Eu e porque Eu sou Alguém

O mundo? O que é o mundo, ó meu amor?
— O jardim dos meus versos todo em flor...
A seara dos teus beijos, pão bendito...

Meus êxtases, meus sonhos, meus cansaços...
— São os teus braços dentro dos meus braços
Via Láctea fechando o Infinito.

RÚSTICA

Ser a moça mais linda do povoado,
Pisar, sempre contente, o mesmo trilho,
Ver descer sobre o ninho aconchegado
A bênção do Senhor em cada filho.

Um vestido de chita bem lavado,
Cheirando a alfazema e a tomilho...
Com o luar matar a sede ao gado,
Dar às pombas o sol num grão de milho...

Ser pura como a água da cisterna,
Ter confiança numa vida eterna
Quando descer à «terra da verdade»...

Meu Deus, dai-me esta calma, esta pobreza!
Dou por elas meu trono de Princesa,
E todos os meus Reinos de Ansiedade.

REALIDADE

Em ti o meu olhar fez-se alvorada
E a minha voz fez-se gorjeio de ninho...
E a minha rubra boca apaixonada
Teve a frescura pálida do linho...

Embriagou-me o teu beijo como um vinho
Fulvo de Espanha, em taça cinzelada...
E a minha cabeleira desatada
Pôs a teus pés a sombra dum caminho...

Minhas pálpebras são cor de verbena,
Eu tenho os olhos garços, sou morena,
E para te encontrar foi que eu nasci...

Tens sido vida fora o meu desejo
E agora, que te falo, que te vejo,
Não sei se te encontrei... se te perdi...

CONTO DE FADAS

Eu trago-te nas mãos o esquecimento
Das horas más que tens vivido, Amor!
E para as tuas chagas o unguento
Com que sarei a minha própria dor.

Os meus gestos são ondas de Sorrento...
Trago no nome as letras de uma flor...
Foi dos meus olhos garços que um pintor
Tirou a luz para pintar o vento...

Dou-te o que tenho: o astro que dormita,
O manto dos crepúsculos da tarde,
O sol que é de oiro, a onda que palpita.

Dou-te, comigo, o mundo que Deus fez!
— Eu sou Aquela de quem tens saudade,
A princesa do conto: «Era uma vez...»

A UM MORIBUNDO

Não tenhas medo, não! Tranquilamente,
Como adormece a noite pelo Outono,
Fecha os teus olhos, simples, docemente,
Como, à tarde, uma pomba que tem sono...

A cabeça reclina levemente
E os braços deixa-os ir ao abandono,
Como tombam, arfando, ao sol poente,
As asas de uma pomba que tem sono...

O que há depois? Depois?... O azul dos céus?
Um outro mundo? O eterno nada? Deus?
Um abismo? Um castigo? Uma guarida?

Que importa? Que te importa, ó moribundo?
— Seja o que for, será melhor que o mundo!
Tudo será melhor do que esta vida!...

EU

Até agora eu não me conhecia.
Julgava que era Eu e eu não era
Aquela que em meus versos descrevera
Tão clara como a fonte e como o dia.

Mas que eu não era Eu não o sabia
E, mesmo que o soubesse, o não dissera...
Olhos fitos em rútila quimera
Andava atrás de mim... e não me via!

Andava a procurar-me – pobre louca! –
E achei o meu olhar no teu olhar,
E a minha boca sobre a tua boca!

E esta ânsia de viver, que nada acalma,
E a chama da tua alma a esbrasear
As apagadas cinzas da minha alma!

PASSEIO AO CAMPO

Meu Amor! Meu Amante! Meu amigo!
Colhe a hora que passa, hora divina,
Bebe-a dentro de mim, bebe-a comigo!
Sinto-me alegre e forte! Sou menina!

Eu tenho, Amor, a cinta esbelta e fina...
Pele doirada de alabastro antigo...
Frágeis mãos de madona florentina...
— Vamos correr e rir por entre o trigo! —

Há rendas de gramíneas pelos montes...
Papoilas rubras nos trigais maduros...
Água azulada a cintilar nas fontes...

E à volta, Amor... tornemos, nas Alfombras
Dos caminhos selvagens e escuros,
Num astro só as nossas duas sombras!...

TARDE NO MAR

A tarde é de oiro rútilo: esbraseia
O horizonte: um cacto purpurino.
E a vaga esbelta que palpita e ondeia,
Com uma frágil graça de menino,

Poisa o manto de arminho na areia
E lá vai, e lá segue o seu destino!
E o sol, nas casas brancas que incendeia,
Desenha mãos sangrentas de assassino!

Que linda tarde aberta sobre o mar!
Vai deitando do céu molhos de rosas
Que Apolo se entretém a desfolhar...

E, sobre mim, em gestos palpitantes,
As tuas mãos morenas, milagrosas,
São as asas do sol, agonizantes...

SE TU VIESSES VER-ME...

Se tu viesses ver-me hoje à tardinha,
A essa hora dos mágicos cansaços,
Quando a noite de manso se avizinha,
E me prendesses toda nos teus braços...

Quando me lembra: esse sabor que tinha
A tua boca... o eco dos teus passos...
O teu riso de fonte... os teus abraços...
Os teus beijos... a tua mão na minha...

Se tu viesses quando, linda e louca,
Traça as linhas dulcíssimas dum beijo
E é de seda vermelha e canta e ri

E é como um cravo ao sol a minha boca...
Quando os olhos se me cerram de desejo...
E os meus braços se estendem para ti...

MISTÉRIO

Gosto de ti, ó chuva, nos beirados,
Dizendo coisas que ninguém entende!
Da tua cantilena se desprende
Um sonho de magia e de pecados.

Dos teus pálidos dedos delicados
Uma alada canção palpita e ascende,
Frases que a nossa boca não aprende
Murmúrios por caminhos desolados.

Pelo meu rosto branco, sempre frio,
Fazes passar o lúgubre arrepio
Das sensações estranhas, dolorosas...

Talvez um dia entenda o teu mistério...
Quando, inerte, na paz do cemitério,
O meu corpo matar a fome às rosas!

O MEU CONDÃO

Quis Deus dar-me o condão de ser sensível
Como o diamante à luz que o alumia,
Dar-me uma alma fantástica, impossível:
– Um bailado de cor e fantasia!

Quis Deus fazer de ti a ambrosia
Desta paixão estranha, ardente, incrível!
Erguer em mim o facho inextinguível,
Como um cinzel vincando uma agonia!

Quis Deus fazer-me tua... para nada!
– Vãos, os meus braços de crucificada,
Inúteis, esses beijos que te dei!

Anda! Caminha! Aonde?... Mas por onde?...
Se a um gesto dos teus a sombra esconde
O caminho de estrelas que tracei...

AS MINHAS MÃOS

As minhas mãos magritas, afiladas,
Tão brancas como a água da nascente,
Lembram pálidas rosas entornadas
Dum regaço de Infanta do Oriente.

Mãos de ninfa, de fada, de vivente,
Pobrezinhas em sedas enroladas,
Virgens mortas em luz amortalhadas
Pelas próprias mãos de oiro do sol-poente.

Magras e brancas... Foram assim feitas...
Mãos de enjeitada porque tu me enjeitas...
Tão doces que elas são! Tão a meu gosto!

P'ra que as quero eu — Deus! — P'ra que as
quero eu?!
Ó minhas mãos, aonde está o céu?
...Aonde estão as linhas do teu rosto?

NOITINHA

A noite sobre nós se debruçou...
Minha alma ajoelha, põe as mãos e ora!
O luar, pelas colinas, nesta hora,
É a água dum gomil que se entornou...

Não sei quem tanta pérola espalhou!
Murmura alguém pelas quebradas fora...
Flores do campo, humildes, mesmo agora.
A noite, os olhos brandos, lhes fechou...

Fumo beijando o colmo dos casais...
Serenidade idílica de fontes,
E a voz dos rouxinóis nos salgueirais...

Tranquilidade... calma... anoitecer...
Num êxtase, eu escuto pelos montes
O coração das pedras a bater...

LEMBRANÇA

Fui Essa que nas ruas esmolou
E fui a que habitou Paços Reais;
No mármore de curvas ogivais
Fui Essa que as mãos pálidas poisou...

Tanto poeta em versos me cantou!
Fiei o linho à porta dos casais...
Fui descobrir a Índia e nunca mais
Voltei! Fui essa nau que não voltou...

Tenho o perfil moreno, lusitano,
E os olhos verdes, cor do verde Oceano,
Sereia que nasceu de navegantes...

Tudo em cinzentas brumas se dilui...
Ah, quem me dera ser Essas que eu fui,
As que me lembro de ter sido... dantes!...

A NOSSA CASA

A nossa casa, Amor, a nossa casa!
Onde está ela, Amor, que não a vejo?
Na minha doida fantasia em brasa
Constrói-a num instante, o meu desejo!

Onde está ela, Amor, a nossa casa,
O bem que neste mundo mais invejo?
O brando ninho aonde o nosso beijo
Será mais puro e doce que uma asa?

Sonho... que eu e tu, dois pobrezinhos,
Andamos de mãos dadas, nos caminhos
Duma terra de rosas, num jardim,

Num país de ilusão que nunca vi...
E que eu moro — tão bom! — dentro de ti
E tu, ó meu Amor, dentro de mim...

MENDIGA

Na vida nada tenho e nada sou;
Eu ando a mendigar pelas estradas...
No silêncio das noites estreladas
Caminho, sem saber para onde vou!

Tinha o manto do sol... quem mo roubou?!
Quem pisou minhas rosas desfolhadas?!
Quem foi que sobre as ondas revoltadas
A minha taça de oiro espedaçou?!

Agora vou andando e mendigando,
Sem que um olhar dos mundos infinitos
Veja passar o verme, rastejando...

Ah, quem me dera ser como os chacais
Uivando os brados, rouquejando os gritos
Na solidão dos ermos matagais!...

SUPREMO ENLEIO

Quanta mulher no teu passado, quanta!
Tanta sombra em redor! Mas que me importa?
Se delas veio o sonho que conforta,
A sua vinda foi três vezes santa!

Erva do chão que a mão de Deus levanta,
Folhas murchas de rojo à tua porta...
Quando eu for uma pobre coisa morta,
Quanta mulher ainda! Quanta! Quanta!

Mas eu sou a manhã: apago estrelas!
Hás de ver-me, beijar-me em todas elas,
Mesmo na boca da que for mais linda!

E quando a derradeira, enfim, vier,
Nesse corpo vibrante de mulher
Será o meu que hás de encontrar ainda...

TOLEDO

Diluído numa taça de oiro a arder
Toledo é um rubi. E hoje é só nosso!
O sol a rir... Viv'alma... Não esboço
Um gesto que me não sinta esvaecer...

As tuas mãos tateiam-me a tremer...
Meu corpo de âmbar, harmonioso e moço
É como um jasmineiro em alvoroço
Ébrio de sol, de aroma, de prazer!

Cerro um pouco o olhar onde subsiste
Um romântico apelo vago e mudo,
– Um grande amor é sempre grave e triste.

Flameja ao longe o esmalte azul do Tejo...
Uma torre ergue ao céu um grito agudo...
Tua boca desfolha-me num beijo...

OUTONAL

Caem as folhas mortas sobre o lago;
Na penumbra outonal, não sei quem tece
As rendas do silêncio... Olha, anoitece!
– Brumas longínquas do País do Vago...

Veludos a ondear... Mistério mago...
Encantamento... A hora que não esquece,
A luz que a pouco e pouco desfalece,
Que lança em mim a bênção dum afago...

Outono dos crepúsculos doirados,
De púrpuras, damascos e brocados!
– Vestes a terra inteira de esplendor!

Outono das tardinhas silenciosas,
Das magníficas noites voluptuosas
Em que eu soluço a delirar de amor...

SER POETA

Ser poeta é ser mais alto, é ser maior
Do que os homens! Morder como quem beija!
É ser mendigo e dar como quem seja
Rei do Reino de Aquém e de Além Dor!

É ter de mil desejos o esplendor
E não saber sequer que se deseja!
É ter cá dentro um astro que flameja,
É ter garras e asas de condor!

É ter fome, é ter sede de Infinito!
Por elmo, as manhãs de oiro e de cetim...
É condensar o mundo num só grito!

E é amar-te, assim, perdidamente...
É seres alma e sangue e vida em mim
E dizê-lo cantando a toda gente!

ALVORECER

A noite empalidece. Alvorecer...
Ouve-se mais o gargalhar da fonte...
Sobre a cidade muda, o horizonte
É uma orquídea estranha a florescer.

Há andorinhas prontas a dizer
A missa d'alva, mal o sol desponte.
Gritos de galos soam monte em monte
Numa intensa alegria de viver.

Passos ao longe... um vulto que se esvai...
Em cada sombra Colombina trai...
Anda o silêncio em volta a qu'rer falar...

E o luar que desmaia, macerado,
Lembra, pálido, tonto, esfarrapado,
Um Pierrot, todo branco, a soluçar...

MOCIDADE

A mocidade esplêndida, vibrante,
Ardente, extraordinária, audaciosa.
Que vê num cardo a folha duma rosa,
Na gota de água o brilho dum diamante;

Essa que fez de mim Judeu Errante
Do espírito, a torrente caudalosa,
Dos vendavais irmã tempestuosa,
– Trago-a em mim vermelha, triunfante!

No meu sangue rubis correm dispersos:
– Chamas subindo ao alto nos meus versos,
Papoilas nos meus lábios a florir!

Ama-me doida, estonteadoramente,
Ó meu Amor! que o coração da gente
É tão pequeno... e a vida, água a fugir...

AMAR!

Eu quero amar, amar perdidamente!
Amar só por amar: Aqui... além...
Mais Este e Aquele, o Outro e toda a gente...
Amar! Amar! E não amar ninguém

Recordar? Esquecer? Indiferente!...
Prender ou desprender? É mal? É bem?
Quem disser que se pode amar alguém
Durante a vida inteira é porque mente!

Há uma Primavera em cada vida:
É preciso cantá-la assim florida,
Pois se Deus nos deu voz, foi p'ra cantar!

E se um dia hei de ser pó, cinza e nada
Que seja a minha noite uma alvorada,
Que me saiba perder... p'ra me encontrar...

NOSTALGIA

Nesse País de lenda, que me encanta,
Ficaram meus brocados, que despi,
E as jóias que p'las aias reparti
Como outras rosas de Rainha Santa!

Tanta opala que eu tinha! Tanta, tanta!
Foi por lá que as semeei e que as perdi...
Mostrem-me esse País onde eu nasci!
Mostrem-me o Reino de que eu sou Infanta!

Ó meu País de sonho e de ansiedade,
Não sei se esta quimera que me assombra,
É feita de mentira ou de verdade!

Quero voltar! Não sei por onde vim...
Ah! Não ser mais que a sombra duma sombra
Por entre tanta sombra igual a mim!

AMBICIOSA

Para aqueles fantasmas que passaram,
Vagabundos a quem jurei amar,
Nunca os meus braços lânguidos traçaram
O vôo dum gesto para os alcançar...

Se as minhas mãos em garra se cravaram
Sobre um amor em sangue a palpitar...
– Quantas panteras bárbaras mataram
Só pelo raro gosto de matar!

Minha alma é como a pedra funerária
Erguida na montanha solitária
Interrogando a vibração dos céus!

O amor dum homem? – Terra tão pisada,
Gota de chuva ao vento baloiçada...
Um homem? – Quando eu sonho o amor
dum deus!...

CRUZIFICADA

Amiga... noiva... irmã... o que quiseres!
Por ti, todos os céus terão estrelas,
Por teu amor, mendiga, hei de merecê-las,
Ao beijar a esmola que me deres.

Podes amar até outras mulheres!
– Hei de compor, sonhar palavras belas,
Lindos versos de dor só para elas,
Para em lânguidas noites lhes dizeres!

Crucificada em mim, sobre os meus braços,
Hei de poisar a boca nos teus passos
P'ra não serem pisados por ninguém.

E depois... Ah! Depois de dores tamanhas
Nascerás outra vez de outras entranhas,
Nascerás outra vez de uma outra Mãe!

ESPERA...

Não me digas adeus, ó sombra amiga,
Abranda mais o ritmo dos teus passos;
Sente o perfume da paixão antiga,
Dos nossos bons e cândidos abraços!

Sou a dona dos místicos cansaços,
A fantástica e estranha rapariga
Que um dia ficou presa nos teus braços...
Não vás ainda embora, ó sombra amiga!

Teu amor fez de mim um lago triste:
Quantas ondas a rir que não lhe ouviste,
Quanta canção de ondinas lá no fundo!

Espera... espera... ó minha sombra amada...
Vê que p'ra além de mim já não há nada
E nunca mais me encontras neste mundo!...

INTERROGAÇÃO

Neste tormento inútil, neste empenho
De tornar em silêncio o que em mim canta,
Sobem-me roucos brados à garganta
Num clamor de loucura que contenho.

Ó alma de charneca sacrossanta,
Irmã da alma rútila que eu tenho,
Diz para onde vou, donde é que venho
Nesta dor que me exalta e me alevanta!

Visões de mundos novos, de infinitos,
Cadências de soluços e de gritos,
Fogueira a esbrasear que me consome!

Diz que mão é esta que me arrasta?
Nódoa de sangue que palpita e alastra...
Diz de que é que eu tenho sede e fome?!

VOLÚPIA

No divino impudor da mocidade,
Nesse êxtase pagão que vence a sorte,
Num frémito vibrante de ansiedade,
Dou-te o meu corpo prometido à morte!

A sombra entre a mentira e a verdade...
A nuvem que arrastou o vento norte...
– Meu corpo! Trago nele um vinho forte:
Meus beijos de volúpia e de maldade!

Trago dálias vermelhas no regaço...
São os dedos do sol quando te abraço,
Cravados no teu peito como lanças!

E do meu corpo os leves arabescos
Vão-te envolvendo em círculos dantescos
Felinamente, em voluptuosas danças...

FILTRO

Meu amor, não é nada: – Sons marinhos
Numa concha vazia, choro errante...
Ah, olhos que não choram! Pobrezinhos...
Não há luz neste mundo que os levante!

Eu andarei por ti os maus caminhos
E as minhas mãos, abertas a diamante,
Hão de crucificar-se nos espinhos
Quando o meu peito for o teu mirante!

Para que corpos vis te não desejem,
Hei de dar-te o meu corpo, e a boca minha
P'ra que bocas impuras te não beijem!

Como quem roça um lago que sonhou,
Minhas cansadas asas de andorinha
Hão-de prender-te todo num só vôo...

MAIS ALTO

Mais alto, sim! Mais alto, mais além
Do sonho, onde morar a dor da vida,
Até sair de mim! Ser a Perdida,
A que se não encontra! Aquela a quem

O mundo não conhece por Alguém!
Ser orgulho, ser águia na subida,
Até chegar a ser, entontecida,
Aquela que sonhou o meu desdém!

Mais alto, sim! Mais alto! A Intangível!
Turris Ebúrnea erguida nos espaços,
A rutilante luz dum impossível!

Mais alto, sim! Mais alto! Onde couber
O mal da vida dentro dos meus braços,
Dos meus divinos braços de Mulher!

NERVOS DE OIRO

Meus nervos, guizos de oiro a tilintar
Cantam-me n'alma a estranha sinfonia
Da volúpia, da mágoa e da alegria,
Que me faz rir e que me faz chorar!

Em meu corpo fremente, sem cessar,
Agito os guizos de oiro da folia!
A Quimera, a Loucura, a Fantasia,
Num rubro turbilhão sinto-As passar!

O coração, numa imperial oferta,
Ergo-o ao alto! E, sobre a minha mão,
É uma rosa de púrpura entreaberta!

E em mim, dentro de mim, vibram dispersos,
Meus nervos de oiro, esplêndidos, que são
Toda a Arte suprema dos meus versos!

A VOZ DA TÍLIA

Diz-me a tília a cantar: «Eu sou sincera,
Eu sou isto que vês: o sonho, a graça,
Deu ao meu corpo, o vento, quando passa,
Este ar escultural de bayadera...

E de manhã o sol é uma cratera,
Uma serpente de oiro que me enlaça...
Trago nas mãos as mãos da Primavera...
E é para mim que em noites de desgraça

Toca o vento Mozart, triste e solene,
E à minha alma vibrante, posta a nu,
Diz a chuva sonetos de Verlaine...»

E, ao ver-me triste, a tília murmurou:
«Já fui um dia poeta como tu...
Ainda hás de ser tília como eu sou...»

NÃO SER

Quem me dera voltar à inocência
Das coisas brutas, sãs, inanimadas,
Despir o vão orgulho, a incoerência:
– Mantos rotos de estátuas mutiladas!

Ah! Arrancar às carnes laceradas
Seu mísero segredo de consciência!
Ah! Poder ser apenas florescência
De astros em puras noites deslumbradas!

Ser nostálgico choupo ao entardecer,
De ramos graves, plácidos, absortos
Na mágica tarefa de viver!

Ser haste, seiva, ramaria inquieta,
Erguer ao sol o coração dos mortos
Na urna de oiro duma flor aberta...

?

Quem fez ao sapo o leito carmesim
De rosas desfolhadas à noitinha?
E quem vestiu de monja a andorinha,
E perfumou as sombras do jardim?

Quem cinzelou estrelas no jasmim?
Quem deu esses cabelos de rainha
Ao girassol? Quem fez o mar? E a minha
Alma a sangrar? Quem me criou a mim?

Quem fez os homens e deu vida aos lobos?
Santa Teresa em místicos arroubos?
Os monstros? E os profetas? E o luar?

Quem nos deu asas para andar de rastros?
Quem nos deu olhos para ver os astros
– Sem nos dar braços para os alcançar?

IN MEMORIAM

Ao meu morto querido.

Na cidade de Assis, «Il Poverello»
Santo, três vezes santo, andou pregando
Que o sol, a terra, a flor, o rocio brando,
Da pobreza o tristíssimo flagelo,

Tudo quanto há de vil, quanto há de belo,
Tudo era nosso irmão! – E assim sonhando,
Pelas estradas da Umbria foi forjando
Da cadeia do amor o maior elo!

«Olha o nosso irmão Sol, nossa irmã Água...»
Ah, Poverello! Em mim, essa lição
Perdeu-se como vela em mar de mágoa

Batida por furiosos vendavais!
– Eu fui na vida a irmã dum só irmão,
E já não sou a irmã de ninguém mais!

ÁRVORES DO ALENTEJO

Ao prof. Guido Battelli.

Horas mortas... Curvada aos pés do Monte
A planície é um brasido... e, torturadas,
As árvores sangrentas, revoltadas,
Gritam a Deus a bênção duma fonte!

E quando, manhã alta, o sol posponte
A oiro a giesta, a arder, pelas estradas,
Esfíngicas, recortam desgrenhadas
Os trágicos perfis no horizonte!

Árvores! Corações, almas que choram,
Almas iguais à minha, almas que imploram
Em vão remédio para tanta mágoa!

Árvores! Não choreis! Olhai e vede:
— Também ando a gritar, morta de sede,
Pedindo a Deus a minha gota de água!

QUEM SABE?...

Ao Angelo.

Queria tanto saber por que sou Eu!
Quem me enjeitou neste caminho escuro?
Queria tanto saber porque seguro
Nas minhas mãos o bem que não é meu!

Quem me dirá se, lá no alto, o céu
Também é para o mau, para o perjuro?
Para onde vai a alma que morreu?
Queria encontrar Deus! Tanto o procuro!

A estrada de Damasco, o meu caminho,
O meu bordão de estrelas de ceguinho,
Água da fonte de que estou sedenta!

Quem sabe se este anseio de Eternidade,
A tropeçar na sombra, é a verdade,
É já a mão de Deus que me acalenta?

A MINHA PIEDADE

A Bourbon e Menezes.

Tenho pena de tudo quanto lida
Neste mundo, de tudo quanto sente,
Daquele a quem mentiram, de quem mente,
Dos que andam pés descalços pela vida,

Da rocha altiva, sobre o monte erguida,
Olhando os céus ignotos frente a frente,
Dos que não são iguais à outra gente,
E dos que se ensanguentam na subida!

Tenho pena de mim... pena de ti...
De não beijar o riso duma estrela...
Pena dessa má hora em que nasci...

De não ter asas para ir ver o céu...
De não ser Esta... a Outra... e mais Aquela...
De ter vivido e não ter sido Eu...

SOU EU!

A Laura Chaves.

Pelos campos em fora, pelos combros,
Pelos montes que embalam a manhã,
Largo os meus rubros sonhos de pagã,
Enquanto as aves poisam nos meus ombros...

Em vão me sepultaram entre escombros
De catedrais duma escultura vã!
Olha-me o loiro sol tonto de assombros,
E as nuvens, a chorar, chamam-me irmã!

Ecos longínquos de ondas... de universos..
Ecos dum Mundo... dum distante Além,
Donde eu trouxe a magia dos meus versos!

Sou eu! Sou eu! A que nas mãos ansiosas
Prendeu da vida, assim como ninguém,
Os maus espinhos sem tocar nas rosas!

PANTEÍSMO

Ao Boto de Carvalho.

Tarde de brasa a arder, sol de verão
Cingindo, voluptuoso, o horizonte...
Sinto-me luz e cor, ritmo e clarão
Dum verso triunfal de Anacreonte!

Vejo-me asa no ar, erva no chão,
Oiço-me gota de água a rir, na fonte,
E a curva altiva e dura do Marão
É o meu corpo transformado em monte!

E de bruços na terra penso e cismo
Que, neste meu ardente panteísmo,
Nos meus sentidos postos e absortos,

Nas coisas luminosas deste mundo,
A minha Alma é o túmulo profundo
Onde dormem, sorrindo, os deuses mortos!

POBRE DE CRISTO

A José Emídio Amaro.

Ó minha terra na planície rasa,
Branca de sol e cal e de luar,
Minha Terra que nunca viste o mar,
Onde tenho o meu pão e a minha casa,

Minha terra de tardes sem uma asa,
Sem um bater de folha... a dormitar...
Meu anel de rubis a flamejar,
Minha terra mourisca a arder em brasa!

Minha terra aonde meu irmão nasceu,
Aonde a mãe que eu tive e que morreu
Foi moça e loira, amou e foi amada!

Truz... Truz... Truz... Eu não tenho onde me acoite,
Sou um pobre de longe, é quase noite...
Terra, quero dormir... dá-me pousada!...

A UMA RAPARIGA

A Nice.

Abre os olhos e encara a vida! A sina
Tem que cumprir-se! Alarga os horizontes!
Por sobre lamaçais alteia pontes
Com tuas mãos preciosas de menina.

Nessa estrada da vida que fascina
Caminha sempre em frente, além dos montes!
Morde os frutos a rir! Bebe nas fontes!
Beija aqueles que a sorte te destina!

Trata por tu a mais longínqua estrela,
Escava com as mãos a própria cova
E depois, a sorrir, deita-te nela!

Que as mãos da terra façam, com amor,
Da graça do teu corpo, esguia e nova,
Surgir à luz a haste duma flor!...

MINHA CULPA

A Artur Ledesma.

Sei lá! Sei lá! Eu sei lá bem
Quem sou? Um fogo-fátuo, uma miragem...
Sou um reflexo... um canto de paisagem
Ou apenas cenário! Um vaivém...

Como a sorte: hoje aqui, depois além!
Sei lá quem Sou? Sei lá! Sou a roupagem
Dum doido que partiu numa romagem
E nunca mais voltou! Eu sei lá quem!...

Sou um verme que um dia quis ser astro...
Uma estátua truncada de alabastro...
Uma chaga sangrenta do Senhor...

Sei lá quem sou?! Sei lá! Cumprindo os fados,
Num mundo de maldades e pecados,
Sou mais um mau, sou mais um pecador...

TEUS OLHOS

Olhos do meu Amor! Infantes loiros
Que trazem os meus presos, endoidados!
Neles deixei, um dia, os meus tesoiros:
Meus anéis. minhas rendas, meus brocados.

Neles ficaram meus palácios moiros,
Meus carros de combate, destroçados,
Os meus diamantes, todos os meus oiros
Que trouxe d'Além-Mundos ignorados!

Olhos do meu Amor! Fontes... cisternas..
Enigmáticas campas medievais...
Jardins de Espanha... catedrais eternas...

Berço vindo do céu à minha porta...
Ó meu leito de núpcias irreais!...
Meu sumptuoso túmulo de morta!...

He hum não querer mais que bem querer

Camões

I

Gosto de ti apaixonadamente,
De ti que és a vitória, a salvação,
De ti que me trouxeste pela mão
Até ao brilho desta chama quente.

A tua linda voz de água corrente
Ensinou-me a cantar... e essa canção
Foi ritmo nos meus versos de paixão,
Foi graça no meu peito de descrente.

Bordão a amparar minha cegueira,
Da noite negra o mágico farol,
Cravos rubros a arder numa fogueira!

E eu, que era neste mundo uma vencida,
Ergo a cabeça ao alto, encaro o sol!
— Águia real, apontas-me a subida!

II

Meu amor, meu amado, vê... repara:
Poisa os teus lindos olhos de oiro em mim,
— Dos meus beijos de amor Deus fez-me avara
Para nunca os contares até ao fim.

Meus olhos têm tons de pedra rara,
— E só para teu bem que os tenho assim —
E as minhas mãos são fontes de água clara
A cantar sobre a sede dum jardim.

Sou triste como a folha ao abandono
Num parque solitário, pelo Outono,
Sobre um lago onde vogam nenúfares...

Deus fez-me atravessar o teu caminho...
— Que contas dás a Deus indo sozinho,
Passando junto a mim, sem me encontrares? —

III

Frémito do meu corpo a procurar-te,
Febre das minhas mãos na tua pele
Que cheira a âmbar, a baunilha e a mel,
Doido anseio dos meus braços a abraçar-te,

Olhos buscando os teus por toda a parte,
Sede de beijos, amargor de fel,
Estonteante fome, áspera e cruel,
Que nada existe que a mitigue e a farte!

E vejo-te tão longe! Sinto a tua alma
Junto da minha, uma lagoa calma,
A dizer-me, a cantar que me não amas...

E o meu coração que tu não sentes,
Vai boiando ao acaso das correntes,
Esquife negro sobre um mar de chamas...

IV

És tu! És tu! Sempre vieste, enfim!
Oiço de novo o riso dos teus passos!
És tu que eu vejo a estender-me os braços
Que Deus criou p'ra me abraçar a mim!

Tudo é divino e santo visto assim...
Foram-se os desalentos, os cansaços...
O mundo não é mundo: é um jardim!
Um céu aberto: longes, os espaços!

Prende-me toda, Amor, prende-me bem!
Que vês tu em redor? Não há ninguém!
A terra? – Um astro morto que flutua...

Tudo o que é chama a arder, tudo o que sente,
Tudo o que é vida e vibra eternamente
É tu seres meu, Amor, e eu ser tua!

V

Dize-me, Amor, como te sou querida,
Conta-me a glória do teu sonho eleito,
Aninha-me a sorrir junto ao teu peito,
Arranca-me dos pântanos da vida.

Embriagada numa estranha lida,
Trago nas mãos o coração desfeito,
Mostra-me a luz, ensina-me o preceito
Que me salve e levante redimida!

Nesta negra cisterna em que me afundo,
Sem quimeras, sem crenças, sem ternura,
Agonia sem fé dum moribundo,

Grito o teu nome numa sede estranha,
Como se fosse, Amor, toda a frescura
Das cristalinas águas da montanha!

VI

Falo de ti às pedras das estradas,
E ao sol que é loiro como o teu olhar,
Falo ao rio, que desdobra a faiscar,
Vestidos de Princesas e de Fadas;

Falo às gaivotas de asas desdobradas,
Lembrando lenços brancos a acenar.
E aos mastros que apunhalam o luar
Na solidão das noites consteladas;

Digo os anseios, os sonhos, os desejos
Donde a tua alma, tonta de vitória,
Levanta ao céu a torre dos meus beijos!

E os meus gritos de amor, cruzando o espaço,
Sobre os brocados fúlgidos da glória,
São astros que me tombam do regaço!

VII

São mortos os que nunca acreditaram
Que esta vida é somente uma passagem,
Um atalho sombrio, uma paisagem
Onde os nossos sentidos se poisaram.

São mortos os que nunca alevantaram
Dentre escombros a Torre de Menagem
Dos seus sonhos de orgulho e de coragem,
E os que não riram e os que não choraram.

Que Deus faça de mim, quando eu morrer,
Quando eu partir para o País da Luz,
A sombra calma dum entardecer –,

Tombando, em doces pregas de mortalha,
Sobre o teu corpo heróico, posto em cruz
Na solidão dum campo de batalha!

VIII

Abrir os olhos, procurar a luz,
De coração erguido ao alto, em chama,
Que tudo neste mundo se reduz
A ver os astros cintilar na lama!

Amar o sol da glória e a voz da fama
Que em clamorosos gritos se traduz!
Com misericórdia, amar quem nos não ama,
E deixar que nos preguem numa cruz!

Sobre um sonho desfeito erguer a torre
Doutro sonho mais alto e, se esse morre,
Mais outro e outro ainda, toda a vida!

Que importa que nos vençam desenganos,
Se pudermos contar os nossos anos
Assim como degraus duma subida?

IX

Perdi os meus fantásticos castelos
Como névoa distante que se esfuma...
Quis vencer, quis lutar, quis defendê-los:
Quebrei as minhas lanças uma a uma!

Perdi minhas galeras entre os gelos
Que se afundaram sobre um mar de bruma...
— Tantos escolhos! Quem podia vê-los? —
Deitei-me ao mar e não salvei nenhuma!

Perdi a minha taça, o meu anel,
A minha cota de aço, o meu corcel,
Perdi meu elmo de oiro e pedrarias...

Sobem-me aos lábios súplicas estranhas...
Sobre o meu coração pesam montanhas...
Olho assombrada as minhas mãos vazias...

X

Eu queria mais altas as estrelas,
Mais largo o espaço, o sol mais criador,
Mais refulgente a lua, o mar maior,
Mais cavadas as ondas e mais belas;

Mais amplas, mais rasgadas as janelas
Das almas, mais rosais a abrir em flor,
Mais montanhas, mais asas de condor,
Mais sangue sobre a cruz das caravelas!

E abrir os braços e viver a vida,
– Quanto mais funda e lúgubre a descida
Mais alta é a ladeira que não cansa!

E, acabada a tarefa... em paz, contente,
Um dia adormecer, serenamente,
Como dorme no berço uma criança!

Outubro, 1930.

Reliquiæ

Versos póstumos publicados pela primeira vez
com a 2.ª Edição da «Chaneca em Flor», em 1931.

ÉVORA

Ao Amigo Vindo da luminosa
Itália, a minha cidade, como eu
soturna e triste...

Évora! Ruas ermas sob os céus
Cor de violetas roxas... Ruas frades
Pedindo em triste penitência a Deus
Que nos perdoe as míseras vaidades!

Tenho corrido em vão tantas cidades!
E só aqui recordo os beijos teus,
E só aqui eu sinto que são meus
Os sonhos que sonhei noutras idades!

Évora!... O teu olhar... o teu perfil...
Tua boca sinuosa, um mês de Abril,
Que o coração no peito me alvoroça!

...Em cada viela o vulto dum fantasma...
E a minh'alma soturna escuta e pasma...
E sente-se passar *menina-e-moça*...

Á JANELA DE GARCIA DE REZENDE

Janela antiga sobre a rua plana...
Ilumina-a o luar com seu clarão...
Dantes, a descansar de luta insana,
Fui, talvez, flor no poético balcão...

Dantes! Da minha glória altiva e ufana,
Talvez... Quem sabe?... Tonto de ilusão,
Meu rude coração de alentejana
Me palpitasse ao luar nesse balcão...

Mística dona, em outras Primaveras,
Em refulgentes horas de outras eras,
Vi passar o cortejo ao sol doirado...

Bandeiras! Pagens! O pendão real!
E na tua mão, vermelha, triunfal,
Minha divisa: um coração chagado!...

O MEU IMPOSSÍVEL

Minh'alma ardente é uma fogueira acesa,
É um brasido enorme a crepitar!
Ânsia de procurar sem encontrar
A chama onde queimar uma incerteza!

Tudo é vago e incompleto! E o que mais pesa
É nada ser perfeito. É deslumbrar
A noite tormentosa até cegar,
E tudo ser em vão! Deus, que tristeza!...

Aos meus irmãos na dor já disse tudo
E não me compreenderam!... Vão e mudo
Foi tudo o que entendi e o que pressinto...

Mas se eu pudesse a mágoa que em mim chora
Contar, não a chorava como agora,
Irmãos, não a sentia como a sinto!...

EM VÃO

Passo triste na vida e triste sou
Um pobre a quem jamais quiseram bem!
Um caminhante exausto que passou,
Que não diz onde vai nem donde vem.

Ah! Sem piedade, a rir, tanto desdém
A flor da minha boca desdenhou!
Solitário convento onde ninguém
A silenciosa cela procurou!

E eu quero bem a tudo, a toda a gente!...
Ando a amar assim, perdidamente,
A acalentar o mundo nos meus braços!

E tem passado, em vão, a mocidade
Sem que no meu caminho uma saudade
Abra em flor a sombra dos meus passos!

VOZ QUE SE CALA

Amo as pedras, os astros e o luar
Que beija as ervas do atalho escuro,
Amo as águas de anil e o doce olhar
Dos animais, divinamente puro.

Amo a hera que entende a voz do muro,
E dos sapos, o brando tilintar
De cristais que se afagam devagar,
E da minha charneca o rosto duro.

Amo todos os sonhos que se calam
De corações que sentem e não falam,
Tudo o que é Infinito e pequenino!

Asa que nos protege a todos nós!
Soluço imenso, eterno, que é a voz
Do nosso grande e mísero Destino!...

PARA QUÊ?

Ao velho amigo João.

Para que ser o musgo do rochedo
Ou urze atormentada da montanha?
Se a arranca a ansiedade e o medo
E este enleio e esta angústia estranha

E todo este feitiço e este enredo
Do nosso próprio peito? E é tamanha
E tão profunda a gente que o segredo
Da vida como um grande mar nos banha?

P'ra que ser asa quando a gente voa
De que serve ser cântico se entoa
Toda a canção de amor do Universo?

Para que ser altura e ansiedade,
Se se pode gritar uma Verdade
Ao mundo vão nas sílabas dum verso?

SONHO VAGO

Um sonho alado que nasceu num instante,
Erguido ao alto em horas de demência...
Gotas de água que tombam em cadência
Na minh'alma tristíssima, distante...

Onde está ele o Desejado? O Infante?
O que há de vir e amar-me em doida ardência?
O das horas de mágoa e penitência?
O Príncipe Encantado? O Eleito? O Amante?

E neste sonho eu já nem sei quem sou...
O brando marulhar dum longo beijo
Que não chegou a dar-se e que passou...

Um fogo-fátuo rútilo, talvez...
E eu ando a procurar-te e já te vejo!...
E tu já me encontraste e não me vês!...

PRIMAVERA

É Primavera agora, meu Amor!
O campo despe a veste de estamenha;
Não há árvore nenhuma que não tenha
O coração aberto, todo em flor!

Ah! Deixa-te vogar, calmo, ao sabor
Da vida... não há bem que nos não venha
Dum mal que o nosso orgulho em vão desdenha!
Não há bem que não possa ser melhor!

Também despi meu triste burel pardo,
E agora cheiro a rosmaninho e a nardo
E ando agora tonta, à tua espera...

Pus rosas cor-de-rosa em meus cabelos...
Parecem um rosal! Vem desprendê-los!
Meu Amor, meu Amor, é Primavera!...

BLASFÉMIA

Silêncio, meu Amor, não digas nada...
Cai a noite nos longes donde vim...
Toda eu sou alma e amor, sou um jardim,
Um pátio alucinante de Granada!

Dos meus cílios a sombra enluarada,
Quando os teus olhos descem sobre mim,
Traça trémulas hastes de jasmim
Na palidez da face extasiada!

Sou no teu rosto a luz que o alumia,
Sou a expressão das tuas mãos de raça,
E os beijos que me dás já foram meus!

Em ti sou Glória, Altura e Poesia!
E vejo-me – milagre cheio de graça! –
Dentro de ti, em ti, igual a Deus!...

O TEU OLHAR

Passam no teu olhar nobres cortejos,
Frotas, pendões ao vento sobranceiros,
Lindos versos de antigos romanceiros,
Céus do Oriente, em brasa, como beijos,

Mares onde não cabem teus desejos;
Passam no teu olhar mundos inteiros,
Todo um povo de heróis e marinheiros,
Lanças nuas em rútilos lampejos;

Passam lendas e sonhos e milagres!
Passa a Índia, a visão do Infante em Sagres,
Em centelhas de crença e de certeza!

E ao sentir-te tão grande, ao ver-te assim,
Amor, julgo trazer dentro de mim
Um pedaço da terra portuguesa!

Outubro, 1930.

NOITE DE CHUVA

Chuva... Que gotas grossas!... Vem ouvir:
Uma... duas... mais outra que desceu...
É Viviana, é Melusina, a rir,
São rosas brancas dum rosal do céu...

Os lilases deixaram-se dormir...
Nem um frémito... a terra emudeceu...
Amor! Vem ver estrelas a cair:
Uma... duas... mais outra que desceu...

Fala baixo, juntinho ao meu ouvido,
Que essa fala de amor seja um gemido,
Um murmúrio, um soluço, um ai desfeito...

Ah, deixa à noite o seu encanto triste!
E a mim... o teu amor que mal existe,
Chuva a cair na noite do meu peito!

TARDE DE MÚSICA

Só Schumann, meu Amor! Serenidade...
Não assustes os sonhos... Ah, não varras
As quimeras... Amor, senão esbarras
Na minha vaga imaterialidade...

Liszt, agora o brilhante; o piano arde...
Beijos alados... ecos de fanfarras...
Pétalas dos teus dedos feito garras...
Como cai em pó de oiro o ar da tarde!

Eu olhava para ti... «é lindo! Ideal!»
Gemeram nossas vozes confundidas,
— Havia rosas cor-de-rosa aos molhos —

Falavas de Liszt e eu... da musical
Harmonia das pálpebras descidas,
Do ritmo dos teus cílios sobre os olhos...

CHOPIN

Não se acende hoje a luz... Todo o luar
Fique lá fora. Bem aparecidas
As estrelas miudinhas, dando no ar
As voltas dum cordão de margaridas!

Entram falenas meio entontecidas...
Lusco-fusco... um morcego, a palpitar,
Passa... torna a passar... torna a passar...
As coisas têm o ar de adormecidas...

Mansinho... Roça os dedos p'lo teclado,
No vago arfar que tudo alteia e doira,
Alma, Sacrário de Almas, meu Amado!#

E, enquanto o piano a doce queixa exala,
Divina triste, a grande sombra loira,
Vem para mim da escuridão da sala...

O MEU DESEJO

Vejo-te só a ti no azul dos céus,
Olhando a nuvem de oiro que flutua...
Ó minha perfeição que criou Deus
E que num dia lindo me fez sua!

Nos vultos que diviso pela rua,
Que cruzam os seus passos com os meus...
Minha boca tem fome só da tua!
Meus olhos têm sede só dos teus!

Sombra da tua sombra, doce e calma,
Sou a grande quimera da tua alma
E, sem viver, ando a viver contigo...

Deixa-me andar assim no teu caminho
Por toda a vida, Amor, devagarinho,
Até a morte me levar consigo...

ESCRAVA

Ó meu Deus, ó meu dono, ó meu senhor,
Eu te saúdo, olhar do meu olhar,
Fala da minha boca a palpitar,
Gesto das minhas mãos tontas de amor!

Que te seja propício o astro e a flor,
Que a teus pés se incline a terra e o mar,
P'los séculos dos séculos sem par,
Ó meu Deus, ó meu dono, ó meu senhor!

Eu, doce e humilde escrava, te saúdo,
E, de mãos postas, em sentida prece,
Canto teus olhos de oiro e de veludo.

Ah, esse verso imenso de ansiedade,
Esse verso de amor que te fizesse
Ser eterno por toda a Eternidade!...

DIVINO INSTANTE

Ser uma pobre morta inerte e fria,
Hierática, deitada sob a terra,
Sem saber se no mundo há paz ou guerra,
Sem ver nascer, sem ver morrer o dia,

Luz apagada ao alto e que alumia,
Boca fechada à fala que não erra,
Urna de bronze que a Verdade encerra,
Ah! Ser Eu essa morta inerte e fria!

Ah, fixar o efémero! Esse instante
Em que o teu beijo sôfrego de amante
Queima o meu corpo frágil de âmbar loiro;

Ah, fixar o momento em que, dolente,
Tuas pálpebras descem, lentamente,
Sobre a vertigem dos teus olhos de oiro!

SILÊNCIO!...

No fadário que é meu, neste penar,
Noite alta, noite escura, noite morta,
Sou o vento que geme e quer entrar,
Sou o vento que vai bater-te à porta...

Vivo longe de ti, mas que me importa?
Se eu já não vivo em mim! Ando a vaguear
Em roda à tua casa, a procurar
Beber-te a voz, apaixonada, absorta!

Estou junto de ti e não me vês...
Quantas vezes no livro que tu lês
Meu olhar se poisou e se perdeu!

Trago-te como um filho nos meus braços!
E na tua casa... Escuta!... Uns leves passos...
Silêncio, meu Amor!... Abre! Sou eu!...

O MAIOR BEM

Este querer-te bem sem me quereres,
Este sofrer por ti constantemente
Andar atrás de ti sem tu me veres
Faria piedade a toda a gente.

Mesmo a beijar-me a tua boca mente...
Quantos sangrentos beijos de mulheres
Poisa na minha a tua boca ardente,
E quanto engano nos seus vãos dizeres!...

Mas que me importa a mim que me não queiras.
Se esta pena, esta dor, estas canseiras,
Este mísero pungir, árduo e profundo

Do teu frio desamor, dos teus desdéns,
E, na vida, o mais alto dos meus bens?
É tudo quanto eu tenho neste mundo?

OS MEUS VERSOS

Rasga esses versos que eu te fiz, Amor!
Deita-os ao nada, ao pó, ao esquecimento,
Que a cinza os cubra, que os arraste o vento,
Que a tempestade os leve aonde for!

Rasga-os na mente, se os souberes de cor,
Que volte ao nada o nada dum momento!
Julguei-me grande pelo sentimento,
E pelo orgulho ainda sou maior!...

Tanto verso já disse o que eu sonhei!
Tantos penaram já o que eu penei!
Asas que passam, todo o mundo as sente...

Rasga os meus versos... Pobre endoidecida!
Como se um grande amor cá nesta vida
Não fosse o mesmo amor de toda a gente!...

AMOR QUE MORRE

O nosso amor morreu... Quem o diria!
Quem o pensara mesmo ao ver-me tonta,
Ceguinha de te ver, sem ver a conta
Do tempo que passava, que fugia!

Bem estava a sentir que ele morria...
E outro clarão, ao longe, já desponta!
Um engano que morre... e logo aponta
A luz doutra miragem fugidia...

Eu bem sei, meu Amor, que p'ra viver
São precisos amores, p'ra morrer
E são precisos sonhos p'ra partir.

Eu bem sei, meu Amor, que era preciso
Fazer do amor que parte o claro riso
Doutro amor impossível que há de vir!

SÔBRE A NEVE

Sobre mim, teu desdém, pesado jaz
Como um manto de neve... Quem dissera
Porque tombou em plena Primavera
Toda essa neve que o Inverno traz!

Coroavas-me 'inda há pouco de lilás
E de rosas silvestres... quando eu era
Aquela que o Destino prometera
Aos teus rútilos sonhos de rapaz!

Dos beijos que me deste não te importas,
Asas paradas de andorinhas mortas...
Folhas de Outono em correria louca...

Mas 'inda um dia, em mim, ébrio de cor,
Há de nascer um roseiral em flor
Ao sol de Primavera doutra boca!

EU NÃO SOU DE NINGUÉM...

....

....

....

....

E não sou de ninguém... Quem me quiser
Há de ser luz do sol em tardes quentes;
Nos olhos de água clara há de trazer
As fúlgidas pupilas dos videntes!

Há de ser seiva no botão repleto,
Voz no murmúrio do pequeno insecto,
Vento que enfuna as velas sobre os mastros!...

Há de ser Outro e Outro num momento!
Força viva, brutal, em movimento,
Astro arrastando catadupas de astros!

VÃO ORGULHO

Neste mundo vaidoso o amor é nada,
É um orgulho a mais, outra vaidade,
A coroa de loiros desfolhada
Com que se espera a Imortalidade.

Ser Beatriz! Natércia! Irrealidade...
Mentira... Engano de alma desvairada...
Onde está desses braços a verdade,
Essa fogueira em cinzas apagada?...

Mentira! Não te quis... não me quiseste...
Eflúvios subtis dum bem celeste?
Gestos... palavras sem nenhum condão...

Mentira! Não fui tua... não! Somente...
Quis ser mais do que sou, mais do que gente,
No alto orgulho de o ter sido em vão!...

ÚLTIMO SONHO DE «SÓROR SAUDADE»

Àquele que se perdera no caminho...

Sóror Saudade abriu a sua cela...
E, num encanto que ninguém traduz,
Despiu o manto negro que era dela,
Seu vestido de noiva de Jesus.

E a noite escura, extasiada, ao vê-la,
As brancas mãos no peito quase em cruz,
Teve um brilhar feérico de estrela
Que se esfolhasse em pétalas de luz!

Sóror Saudade olhou... Que olhar profundo
Que sonha e espera?... Ah como é feio o mundo.
E os homens vãos! — Então, devagarinho,

Sóror Saudade entrou no seu convento...
E, até morrer, rezou, sem um lamento,
Por *Um* que se perdera no caminho!...

ESQUECIMENTO

Esse de quem eu era e que era meu,
Que foi um sonho e foi realidade,
Que me vestiu a alma de saudade,
Para sempre de mim desapar'ceu.

Tudo em redor então escureceu,
E foi longínqua toda a claridade!
Ceguei... tacteio sombras... Que ansiedade!
Apalpo cinzas porque tudo ardeu!

Descem em mim poentes de Novembro...
A sombra dos meus olhos, a escurecer...
Veste de roxo e negro os crisântemos...

E desse que era meu já me não lembro...
Ah, a doce agonia de esquecer
A lembrar doidamente o que esquecemos!...

LOUCURA

Tudo cai! Tudo tomba! Derrocada
Pavorosa! Não sei onde era dantes.
Meu solar, meus palácios, meus mirantes!
Não sei de nada, Deus, não sei de nada!...

Passa em tropel febril a cavalgada
Das paixões e loucuras triunfantes!
Rasgam-se as sedas, quebram-se os diamantes!
Não tenho nada, Deus, não tenho nada!...

Pesadelos de insónia, ébrios de anseio!
Loucura a esboçar-se, a enegrecer
Cada vez mais as trevas do meu seio!

Ó pavoroso mal de ser sozinha!
Ó pavoroso e atroz mal de trazer
Tantas almas a rir dentro da minha!

DEIXAI ENTRAR A MORTE

Deixai entrar a Morte, a iluminada,
A que vem para mim, p'ra me levar.
Abri todas as portas par em par
Com asas a bater em revoada.

Que sou eu neste mundo? A deserdada,
A que prendeu nas mãos todo o luar,
A vida inteira, o sonho, a terra, o mar,
E que, ao abri-las, não encontrou nada!

Ó Mãe! Ó minha Mãe, p'ra que nasceste?
Entre agonias e em dores tamanhas
P'ra que foi, diz lá, que me trouxeste

Dentro de ti?... P'ra que eu tivesse sido
Somente o fruto amargo das entranhas
Dum lírio que em má hora foi nascido!...

À MORTE

Morte, minha Senhora Dona Morte,
Tão bom que deve ser o teu abraço!
Lânguido e doce como um doce laço
E como uma raiz, sereno e forte.

Não há mal que não sare ou não conforte
Tua mão que nos guia passo a passo,
Em ti, dentro de ti, no teu regaço
Não há triste destino nem má sorte.

Dona Morte dos dedos de veludo,
Fecha-me os olhos que já viram tudo!
Prende-me as asas que voaram tanto!

Vim da Moirama, sou filha de rei,
Má fada me encantou e aqui fiquei
À tua espera,... quebra-me o encanto!

POBREZINHA

Nas nossas duas sinas tão contrárias
Um pelo outro somos ignorados:
Sou filha de regiões imaginárias,
Tu pisas mundos firmes já pisados.

Trago no olhar visões extraordinárias
De coisas que abracei de olhos fechados...
Em mim não trago nada, como os párias...
Só tenho os astros, como os deserdados...

E das tuas riquezas e de ti
Nada me deste e eu nada recebi,
Nem o beijo que passa e que consola.

E o meu corpo, minh'alma e coração
Tudo em risos poisei na tua mão!...
...Ah, como é bom um pobre dar esmola!...

ROSEIRA BRAVA

Há nos teus olhos de oiro um tal fulgor
E no teu riso tanta claridade,
Que o lembrar-me de ti é ter saudade
Duma roseira brava toda em flor.

Tuas mãos foram feitas para a dor,
Para os gestos de doçura e piedade;
E os teus beijos de sonho e de ansiedade
São como a alma a arder do próprio amor!

Nasci envolta em trajes de mendiga;
E, ao dares-me o teu amor de maravilha,
Deste-me o manto de oiro de rainha!

Tua irmã... teu amor... e tua amiga...
E também – toda em flor – a tua filha,
Minha roseira brava que é só minha!...

NAVIOS FANTASMAS

O arabesco fantástico do fumo
Do meu cigarro traça o que disseste,
A azul, no ar; e o que me escreveste,
E tudo o que sonhaste e eu presumo.

Para a minha alma estática e sem rumo,
A lembrança de tudo o que me deste
Passa como o navio que perdeste,
No arabesco fantástico do fumo...

Lá vão! Lá vão! Sem velas e sem mastros,
Têm o brilho rutilante de astros,
Navios-fantasmas, perdem-se a distância!

Vão-me buscar, sem mastros e sem velas,
Noiva-menina, as doidas caravelas,
Ao ignoto País da minha infância...

O MEU SONETO

Em atitudes e em ritmos fleumáticos,
Erguendo as mãos em gestos recolhidos,
Todos brocados fúlgidos, hieráticos,
Em ti andam bailando os meus sentidos...

E os meus olhos serenos, enigmáticos,
Meninos que na estrada andam perdidos,
Dolorosos, tristíssimos, extáticos,
São letras de poemas nunca lidos...

As magnólias abertas dos meus dedos
São mistérios, são filtros, são enredos
Que pecados d'amor trazem de rastos...

E a minha boca, a rútila manhã,
Na via-láctea, lírica, pagã,
A rir desfolha as pétalas dos astros!...

NIHIL NOVUM

Na penumbra do pórtico encantado
De Bruges, noutras eras, já vivi;
Vi os templos do Egito com Loti;
Lancei flores, na Índia, ao rio sagrado.

No horizonte de bruma opalizado,
Frente ao Bósforo errei, pensando em ti!
O silêncio dos claustros conheci
Pelos poentes de nácar e brocado...

Mordi as rosas brancas de Ispahan
E o gosto a cinza em todas era igual!
Sempre a charneca bárbara e deserta,

Triste, a florir numa ansiedade vã!
Sempre da vida – o mesmo estranho mal,
E o coração – a mesma chaga aberta!

FLORBELA ESPANCA

Livro de Mágoas

* * *

Livro de Sóror Saudade

Made in the USA
Lexington, KY
27 May 2019